Mein Baby pixi Buggybuch

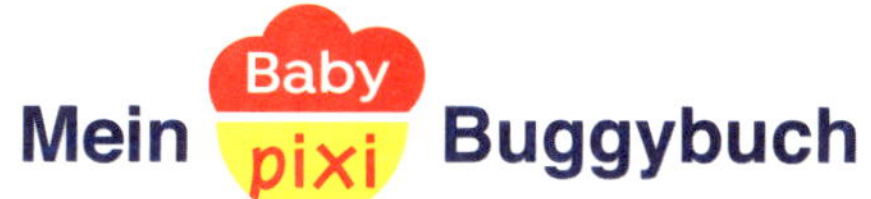

Jahreszeiten

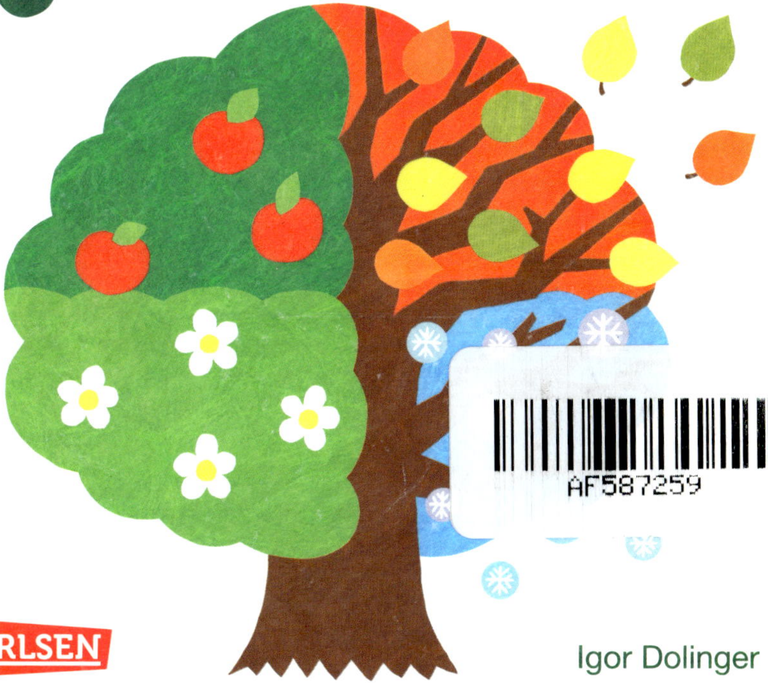

CARLSEN

Igor Dolinger

Igor Dolinger

CARLSEN

die Biene
die Osterglocke

das Vogelnest
der Hase
das Osterei
das Küken

die Sonne
der Sonnenschirm
die Sonnenmilch

der Apfel
der Schmetterling
der Eimer
die Sonnenblume
die Schaufel

der Baum

die Kastanie

der Drachen

der Igel

die Gummistiefel

der Schneemann

die Mütze
der Vogel
der Keks
der Weihnachtsbaum

der blaue Himmel

der Schnee
die Sonne
der Regen
der Wind

die Mütze
der Schal
die Handschuhe

der Sonnenhut

die Sonnenbrille

der Schlittschuh

der Regenschirm

Mein Baby pixi Buggybuch

Frühling, Sommer, Herbst und Winter: Die schönsten Dinge rund um jede Jahreszeit – ein erstes Lieblingsbuch für kleine Weltentdecker.

Als Baby-Pixi-Buggybuch gibt es außerdem:

Original Carlsen-Buggyband mit Sicherheits-Trennfunktion

www.carlsen.de

Baby Pixi Band 45

ISBN 978-3-551-05147-9

9 783551 051479

€ 4,99 [D]
12. Aufl. 25

Unkaputtbar®

Neues Material für Kinderbücher · Von unabhängigen, akkreditierten Prüflabors getestet und freigegeben